AF339924

HÉLOÏSE

AU

COUVENT DES BÉNÉDICTINES D'ARGENTEUIL

PAR

A. BONNEVALLE

ARGENTEUIL

BACOT, LIBRAIRE, GRANDE-RUE, N° 152

1869

HÉLOÏSE

AU

COUVENT DES BÉNÉDICTINES D'ARGENTEUIL

Le véritable amour ne craint pas le parjure ;
Aimons-nous, il suffit, et suivons la nature.
Apprenons l'art d'aimer, de plaire tour à tour,
En un mot ne cherchons que l'amour dans l'amour.

L'histoire d'Héloïse a tenté bien des écrivains, et leurs succès presque toujours assurés sont dûs à l'immense popularité qui entoure d'une vive auréole le nom et le souvenir de cette femme, — merveille de beauté et de science, — restée dans la mémoire du peuple comme le symbole le plus pur de l'amour et de la constance.

Puisse cette faveur populaire s'étendre sur le récit que nous essayons aujourd'hui, et nous savoir gré des recherches que nous avons faites pour lui donner un plus grand intérêt.

I

En parcourant l'histoire, on est quelquefois tenté d'admirer l'influence de certaines femmes privilégiées, sur les destins ou l'avenir de leur pays...

La France, notre belle et chère patrie, deux fois prête à périr, écrasée sous le nombre des Barbares, nous apparaît deux fois sauvée par des femmes, et la Providence, pour délivrer son peuple d'adoption, a choisi les plus modestes, les plus pauvres et les plus pures.

Aussi la mémoire du peuple a religieusement gardé les noms des Geneviève et des Jeanne ; sa vive reconnaissance, prenant ces noms comme de glorieux talismans, a honoré celles qui les portaient comme des saintes, consacrant cette magnifique et salutaire pensée que la nation où la femme est le plus respectée et plus honorée est celle aussi où les grandes actions sont plus nombreuses et bénies.

Sans doute, à travers les siècles, dans l'horizon historique de chaque peuple, s'esquissent à grands traits les figures de quelques fameuses héroïnes ; les Judith, les Pénélope, les Iphigénie, les Lucrèce brillent comme autant d'étoiles scintillantes, mais ces météores rapides vivent à de larges intervalles, n'illuminent qu'un côté des annales de chaque nation et, en dehors de leur radieux passage, tout n'est qu'ombre et ténèbres.

Notre beau pays, au contraire, les compte nombreux et rayonnants, éclairant toutes les parties de son histoire, toutes les vertus de son humanité : gloire, dévouement, amour, fidélité.

Elles seront, tour à tour, amantes, guerrières, artistes ou poëtes, et dans chacune des aspirations de leur cœur ou de leur esprit, elles seront supérieures et parfaites.

Quelles seront donc les connaissances ou les vertus humaines dont l'homme se glorifie qui n'aient été possédées par ces femmes choisies entre toutes? Les sainte Clotilde et les Élisabeth auront la foi et la résignation, les Jeanne d'Arc et les Jeanne Hachette auront le courage et les vertus guerrières, les Marguerite et les Marie posséderont la grâce, les sainte Paule et les Eustoquie, l'érudition profonde et, par-dessus toutes, les dominant de tous les souvenirs de l'admiration populaire, viendra Héloïse parce qu'elle aura eu l'amour et le dévouement.

Héloïse! est-il possible de rencontrer une figure plus douce et plus poétique, dont le souvenir enchanteur se soit perpétué avec plus de fidélité et d'admiration !

Pourquoi ce souvenir? Quelle est la cause de cette brillante renommée?

Elle fut savante, il est vrai; à dix-sept ans elle parlait le latin, le grec et l'hébreu; elle avait fait de grands progrès dans la philosophie, dans les mathématiques et dans les saintes lettres. « Peu de » filles ajoutent les chroniques, la surpassaient en » beauté; il n'y en avait aucune qui l'égalât en » esprit et en érudition. »

Certes, c'était là une merveille, un génie précoce, mais croyez-vous que ce furent ses titres à la postérité. Non. La mémoire d'Héloïse est venue jusqu'à nous, s'est perpétuée dans les légendes populaires, parce que sa vie fut toute de dévouement et d'amour.

Que Judith sacrifie son honneur pour sauver sa patrie, que Pénélope, à travers mille trames et mille ruses, conserve intacte la foi conjugale, que Lucrèce se poignarde pour ne pas survivre à son déshonneur, ce sont là de grandes et sublimes actions : l'histoire impartiale les a enregistrées et la postérité les admire.

Héloïse, elle, a aimé ardemment, fidèlement, dans la joie, dans la douleur, pendant la gloire de son amant, après sa catastrophe, dans le triomphe ou dans la persécution ; elle l'a aimé même après sa mort : elle l'a idéalisé et confondu dans ses divines aspirations. Voilà pourquoi non-seulement elle est admirée, mais aimée. Voilà pourquoi, huit cents ans après sa mort, de jeunes et pieuses mains viennent encore déposer sur sa tombe la couronne d'immortelles.

C'est en cherchant la magique influence de ces femmes certainement privilégiées sur ceux qui les

ont connues ou même ceux qui leur survivent, que
nous nous sommes trouvé en face de la touchante
histoire d'Héloïse, dont les murs d'un couvent
d'Argenteuil ont vu se dérouler une des phases
les plus saisissantes, et que nous allons entrepren-
dre d'esquisser aujourd'hui.

II

Vers la fin de décembre 1120, par une soirée froide et triste, quelques cavaliers traversaient au pas pressé et sonore de leurs chevaux la plaine longue et nue qui s'étend de Saint-Ouen jusqu'au bord de la Seine, en face le bourg d'Argenteuil. La bise aiguë et glacée soufflait par rafales inégales et forçaient les voyageurs à s'envelopper de leurs épais vêtements.

La petite troupe s'était divisée en deux groupes, et deux cavaliers précédaient les autres d'une vingtaine de pas.

Sous les longs manteaux qui les abritaient et malgré les capuchons dont leurs visages étaient recouverts, un observateur attentif eût pu reconnaître que l'un de ces deux personnages avait toutes les allures féminines. Sa taille plus exiguë, était aussi plus flexible et plus souple, et les soins assidus de son compagnon pour guider sa monture dans la pénombre qui se projetait déjà et enveloppait ces chemins déserts et négligés de dangers de toute sorte, confirmaient dans cette pensée.

La parole du plus petit, d'ailleurs douce et résignée, semblait reconnaître par des notes harmonieuses de remercîment les soins assidus dont il était entouré.

L'autre groupe qui suivait à quelque distance était sans nul doute composé des valets de ces deux personnages.

Arrivés sur le bord de la Seine, à l'endroit même où s'élève aujourd'hui le pont d'Argenteuil, et où se trouvait autrefois un bac, la compagnie mit pied à terre ; les valets s'emparèrent des brides des chevaux. Un d'eux héla le marinier et les deux voyageurs pénétrèreut seuls dans la barque, qui les déposa sur l'autre rive sans que pendant le trajet il fut prononcé une seule parole.

Un étroit sentier longeait le petit bras de la Seine comblé depuis et s'engageait un peu dans les terres, venant aboutir aux murs du couvent des Bénédictines déjà célèbre à cette époque ; une petite porte donnait sur le sentier, à l'angle de la rue des Boucheries, aujourd'hui rue de la Chaussée.

Les voyageurs arrivèrent jusqu'à cette porte qui s'ouvrit comme si on les attendait et se referma sur eux.

Une heure après, le plus grand des deux cavaliers sortit seul, se dirigea rapidement vers le bac, traversa le fleuve, s'élança sur son coursier et, suivi de ses domestiques, reprit rapidement la route de Paris.

Les deux mystérieux personnages étaient Héloïse et Abeilard : Héloïse, qui fuyait le ressentiment d'un oncle furieux, et Abeilard qui protégeait sa fuite.

Héloïse, d'après quelques auteurs s'appelait simplement Louise. Abeilard par un sentiment de flatterie, prétendait qu'elle avait une origine beaucoup plus sublime et que son nom lui venait d'*Héloï*, qui en hébreu signifie *divinité*. Elle était de la famille des Montmorency et nièce d'un chanoine de la cathédrale, nommé Fulbert, ancien aumônier du roi Henri 1er.

Elle avait été élevée dans l'abbaye d'Argenteuil, monastère fondé par Hermenric, vers le VIIe siècle, et très-renommé pour ses études ; c'est là qu'Héloïse avait appris les langues et que son esprit s'était si bien formé, qu'elle était devenue la plus savante fille de son siècle.

Les religieuses ne l'avaient laissée retourner dans le monde qu'avec regret, mais son oncle qui la chérissait tendrement et qui remplaçait les parents qu'elle avait perdus dès sa plus tendre jeunesse, avait exigé son retour près de lui, et l'accablait de soins et de prévenances.

Fier de ses succès, il n'épargnait aucun sacrifice pour son éducation. C'est alors qu'Abeilard lui fut présenté.

A la première vue, le philosophe s'éprit d'une façon singulière de la charmante jeune fille. « Il » la vit, l'entretint, en fut charmé, disent les anciens récits, et bientôt ressentit pour elle une passion très-forte qui l'envahit tout entier. »

Héloïse, de son côté, ne fut pas insensible au mérite de ce grand homme.

Déjà Abeilard avait une réputation très-étendue.
Depuis quatre ans qu'il enseignait à Paris, il avait
su se faire admirer de tout le monde. Ses élèves
l'adoraient et une foule nombreuse assistait à ses
leçons.

Il était alors dans la fleur de l'âge, beau et bien
fait, l'air doux, de manières engageantes, la voix
belle, parlant bien, chantant encore mieux et com-
posant avec facilité des vers français « assez polis
pour le temps. » Héloïse avoue elle-même que sa
voix et son éloquence l'avaient enchantée.

Ce fut là le professeur que Fulbert avait choisi
pour sa nièce. Forcé d'assister aux Matines, le chanoine se retirait de bonne heure et laissait en toute
liberté le maître et l'élève passer ensemble de lou-
gues soirées.

De là naquit cette passion qu'une communauté
de sentiments et d'esprit rendait tous les jours plus
profonde dont nous ne voulons pas ici retracer l'histoire, mais seulement quelques passages nécessaires
à cette étude.

Cette liaison était connue de tous et Fulbert

l'ignorait encore ; rien ne peut dépeindre ses emportements quand il l'apprit par la voix publique. Il chassa Abeilard de sa maison et maltraita sa nièce qui, pour se soustraire à ses mauvais traitements, s'enfuit en Bretagne avec son amant, près d'une sœur de celui-ci, nommée *Dionisia* dans les registres du Paraclet, et là, au fond de cette province qui n'appartenait pas encore à la France, elle put braver le courroux de son oncle.

On montre encore à Clisson, près de Nantes, une grotte où les deux amants se rencontraient ; c'est là aussi qu'Héloïse donna le jour à un fils d'une beauté si grande qu'on lui donna le nom d'Astralabe (astre brillant), et qui fut plus tard confié aux soins de la sœur d'Abeilard.

Celui-ci chercha à se réconcilier quelque temps après avec Fulbert et y parvint par une promesse de mariage avec sa nièce, et malgré les supplications d'Héloïse qui repoussait cette union pour ne pas détruire l'avenir de son amant, elle eut lieu secrètement quelque temps après.

C'est ici que les premières marques de dévouement apparaissent dans la vie d'Héloïse, à qui le mariage va rendre la considération et l'honneur, mais qui repousse avec désespoir cette union, parce qu'elle serait le tombeau de la gloire de son amant ; parce qu'Abeilard, destiné à entrer dans les ordres, perdait tout à coup le fruit de ses pensées et de ses veilles. C'est alors qu'au milieu de ses larmes et de sa douleur, elle lui adressa ces paroles mémorables qui faisaient dire à Pasquier : « Bien vous dirai-je » que je ne lus jamais en orateur tant de belles » paroles et de sentences persuasives pour parve- » nir à son intention que celles qu'elle y apporta. »

Nous voudrions, nous aussi, pouvoir citer ici cet éloquent plaidoyer, mais l'espace nous manque. Soit générosité dans Abeilard, soit excès de son amour pour sa chère Héloïse, rien ne put le faire changer de résolution. Elle consentit à son désir, mais comme si elle eut eu un pressentiment de l'avenir, elle s'écria : « Fasse le ciel que ce funeste mariage » ne soit pas la perte de l'un et de l'autre et que » la douleur qui le suivra ne soit pas plus grande » que l'amour qui l'a précédé ! »

III

Le mariage avait été tenu aussi secret que possible. Héloïse était retournée chez son oncle et Abeilard avait repris ses leçons publiques. A la réserve de quelques parents et de Fulbert, personne ne savait que la jeune épouse eût laissé un fils en Bretagne. Ainsi tout contribuait au dessein qu'ils avaient formé de cacher leur union jusqu'à ce que la fortune eût fait quelque chose pour Abeilard, et quelque violent que fût leur amour, il cédait devant les considérations particulières d'une réputation que l'éloquent professeur voulait soutenir.

Fulbert, d'abord satisfait de cette réparation, ne tarda pas à la juger insuffisante. Au mépris de la parole donnée, il divulgua le mariage et ordonna à ses domestiques d'en faire autant ; Héloïse le désavoua, comprenant tout le tort que cette indiscrétion faisait à son époux. Elle protesta si énergiquement et avec tant d'esprit que Fulbert fut accusé d'agir ainsi par quelque vue d'intérêt, dont son avarice le faisait soupçonner.

L'irritation du chanoine, ne connut plus de bornes, et ne pouvant persuader à sa nièce qu'il était de son honneur de publier son mariage, il la menaça, et des menaces passa aux mauvais traitements qu'il poussa à l'excès en dépit de son caractère de prêtre et de parent. Héloïse en donna avis à son époux, et ce fut alors qu'Abeilard se détermina à la conduire au couvent des Bénédictines d'Argenteuil.

Il crut ne pouvoir choisir un endroit plus convenable pour la sûreté de celle qu'il aimait : Héloïse y avait été élevée et y avait conservé des amitiés sincères ; de plus ce n'était que sous l'habit ecclésiastique qu'il l'allait voir, lorsqu'il pouvait dérober quelques heures à ses occupations.

Les murs d'enceinte du monastère, détruits en partie par les Normands lors de leur invasion en 857, n'avaient pas encore été relevés ; des brèches nombreuses au mur de clôture permettaient à Abeilard de s'y introduire, et les jeunes époux, à l'ombre d'une liberté fugitive, pouvaient néanmoins se consoler de la contrainte qui les tenait éloignés l'un de l'autre.

« Abeilard, dit l'abbé Gervaise, un de ses meil-
» leurs historiens, allait la voir de temps en temps ;
» il se dérobait de Paris les jours que ses occupa-
» tions le permettaient ; et comme le monastère
» commençait à tomber dans le relâchement, que
» la clôture n'y était pas exacte, et qu'on ne se fai-
» sait pas un scrupule d'y introduire des hommes,
» pourvu qu'ils n'entrassent pas dans les chambres
» des religieuses ni des pensionnaires, nos jeunes
» époux trouvaient le moyen de se consoler de
» leur séparation ; mais cela ne paraissait point et
» personne ne s'en doutait ni à Paris, ni à Argen-
» teuil. »

Du reste ces instants étaient courts : une trop grande absence du professeur aurait indisposé ses élèves, et d'ailleurs il lui était nécessaire de trom- per la vigilance de Fulbert.

Que de fois, on peut se l'imaginer, la jeune Hé- loïse dut jeter un regard d'envie sur ce Paris qui lui gardait tout ce qu'elle aimait ! Que de fois, laissant sa pensée parcourir l'espace, elle dut assister dans son ardente imagination aux triomphes de son époux, lorsque sa voix persuasive et forte enflammait son auditoire attentif.

Les applaudissements qui le saluaient, les ovations qui l'accueillaient, le prestige de gloire qui ceignait le front d'Abeilard d'une auréole brillante, durent bien souvent lui apparaître dans cette retraite paisible et la faire tressaillir. Elle vivait de cette vie toute d'extase et de passion, s'identifiant par la pensée avec celui qu'elle aimait, à ce point que ses moindres actions étaient pressenties par elle. Elle entendait ses éloquents discours; son cœur les lui répétait, les gravait en traits de feu dans sa mémoire; et quand le jeune orateur, revenait chargé de nouvelles couronnes, les douces mains d'Héloïse, conduites par sa rêveuse imagination, les lui avait tressées.

O merveilleux pouvoir de l'amour! la distance n'est plus: l'absence a disparu! Rien au monde n'existe que l'objet aimé; rien ne plaît, ne peut plaire : tout est en lui! tout est lui!

Fulbert avait appris la retraite de sa nièce ; il assembla ses parents, leur insinua qu'Abeilard voulait forcer Héloïse à être religieuse, exagéra les torts de cette perfidie supposée et parvint à leur faire partager les sentiments de vengeance qui l'animaient. Excités par les paroles trompeuses du chanoine, ils corrompirent le valet du célèbre professeur, et pénétrèrent au nombre de cinq dans son appartement ; le surprirent dans son sommeil et lui firent subir une horrible mutilation.

Le bruit et les cris de la victime assemblèrent la foule : la justice s'émut de ce crime, et deux des complices du chanoine, dont l'un était le valet d'Abeilard, furent saisis plus tard, condamnés nonseulement à la peine du talion, mais encore à avoir les yeux crevés. L'évêque de Paris, à la tête de son clergé, après avoir donné à la victime les marques d'une sincère douleur, se mit le premier à lui faire rendre justice ; une prise de corps fut décrétée contre Fulbert, qui fut dépouillé de ses bénéfices et ses biens confisqués.

La nouvelle de cet attentat, rapidement répandue

daus Paris, excita l'indignation générale. « Ce ne
» fut pas seulement les parents et les amis de l'af-
» fligé, disent les chroniques, qui vinrent le voir;
» mais il y vint du monde de tout état, de toute
» condition et de tout sexe, attiré par l'estime qu'on
» avait pour ce savant homme. » Tous les ordres
de la ville prirent part à cette affliction et la regar-
dèrent comme une calamité publique.

Ce qui fit dire à un auteur du temps, qu'il doutait s'il n'était pas plus honorable et plus avanta-
geux à Abeilard d'avoir souffert ainsi, que d'être
demeuré tel qu'il était avant.

Mais pour cet infortuné, toutes ces consolations
et ce deuil public ne pénétrèrent pas en son cœur.
Il devint insupportable à lui-même. Plus il avait été
élevé, plus il se sentait abaissé.

« Où irai-je à présent, misérable, se disait-il à
» lui-même, aurai-je le courage de me montrer en
» public après une telle ignominie; raillé par tous,
» je serai l'objet des satires envenimées..... »

Et il se rappelait lui-même que Dieu avait donné

sa malédiction aux Eunuques, qu'ils étaient abominables à ses yeux et que la porte du Temple leur était fermée. Enfin sa confusion fut si grande qu'il se décida à fuir le monde et à entrer dans un cloître. Mais il voulut user de tout son pouvoir sur Héloïse pour la déterminer à se faire religieuse et à se consacrer à Dieu en même temps et le même jour que lui.

IV

Épouse sans mari, veuve avant sa mort, mère sans enfant, religieuse sans vocation, désolée, sans appui, solitaire au milieu du monde, telle fut le lendemain de cette catastrophe, la situation d'Héloïse. Elle avait alors vingt ans.

Comment dépeindre l'immense douleur qui s'empara de ce jeune cœur, en apprenant cette cruelle nouvelle. Toutes ses espérances étaient brisées tout à coup, et comme la fleur que touche le fer meurtrier, elle eût infailliblement succombé si elle n'eût été soutenue par la mémoire de son enfant éloigné, et par le souvenir même de ses illusions détruites.

Elle eût voulu la présence d'Abeilard pour qu'il la soutînt de son éloquente parole; mais alors celui-ci lui écrivit son intention de se retirer dans un cloître.

Tout échappait donc à cette jeune âme, tout excepté Dieu, et sur la prière, quelques-uns disent sur l'ordre de son époux, la femme douce et résignée se fit religieuse.

Le sentiment qui poussa Abeilard à exiger d'Héloïse ce sacrifice a été diversement interprété; mais il est certain qu'il entra dans cette détermination un peu de jalousie. Il s'en accuse lui-même dans une lettre qui peint trop ses sentiments pour n'être pas reproduite ici :

« Quand je me vis accablé de mon malheur,
» ma faiblesse me rendit jaloux, et de tous les
» hommes je m'en fis des rivaux : je m'imaginai
» qu'éloignant Héloïse de mes yeux, elle allait se
» faire admirer par d'autres... Il me semblait que

» son cœur dans l'habitude d'aimer ne serait pas
» longtemps sans souffrir à ses pieds un nouvel
» amant. Je résolus de la prévenir ; je me hâtai
» de lui faire connaître qu'il était de la bienséance
» de se soustraire aux regards curieux ; que la pu-
» deur le demandait, que notre amitié pouvait
» l'exiger, que sa sûreté le voulait ; Dieu venant de
» me frapper, qu'elle avait à craindre pour elle-
» même si elle n'entrait dans ces asiles de piété
» qu'il lui montrait ouverts. Ma lâche jalousie
» triomphait en secret de s'être couverte des pré-
» textes les plus saints, et, tout triomphant que
» j'étais, je ne la donnais pas à Dieu de bon cœur.
» Je retenais une partie de mon présent et l'aurais
» retenu tout entier si ce n'eût été le désir de
» l'ôter aux hommes... »

Cette défiance fut si sensible à Héloïse qu'elle en versa des larmes ; elle vit tout ce qu'il y avait d'a-mertume et d'égoïsme dans cette conduite; mais elle l'excusa par l'amour et, résignée et aimante, elle se résolut à ce sacrifice, malgré les plus tou-chantes sollicitations de ses amis.

Sa vive douleur lui fut comptée, abrégea le temps des épreuves et lui servit de pénitence, et bientôt arriva le jour où dans l'abbaye d'Argenteuil elle devait prononcer les vœux éternels.

Une foule considérable était accourue pour assister à cette émouvante cérémonie.

L'évêque de Paris avait béni le voile qui, selon la coutume, était déposé sur l'autel. La novice, en sortant du chœur devait l'aller prendre elle-même et le poser sur son front.

Déjà Héloïse approchait, sa figure si belle et si régulière, pâle comme l'ivoire, était empreinte de cette triste et sereine résignation dont elle devait être le type le plus parfait, lorsque les assistants, parmi lesquels se trouvaient des personnes de la plus haute distinction, émus de tant de beauté et de jeunesse, l'entourèrent, suppliants et désolés, la priant de ne pas sacrifier pour toujours tant de grâces et d'esprit.

La jeune novice s'arrêta un instant, des larmes inondèrent son visage, son cœur se souleva sous les sanglots; déjà ses amis croyaient l'avoir persuadée ; mais son hésitation fut courte, combien ne furent-ils pas surpris, lorsqu'ils l'entendirent s'écrier : « Fallait-il, malheureuse que je suis, que » je ne l'épousasse que pour le rendre misérable ; » non, j'étais indigne de son alliance, et puisque » je suis la cause de son infortune, il est juste que » je porte la peine ! »

La douce créature s'attribuait encore le malheur de son époux, et dans sa douleur, elle répétait les paroles que Lucain a mises dans la bouche de Cornélie, songeant au suicide, en apprenant la mort de Pompée.

Elle s'échappa des bras de ceux qui la retenaient, toucha la nappe sacrée, saisit le voile noir, et d'une main ferme s'en couvrit le visage. La foule s'écoula en silence, ne sachant ce qu'il fallait admirer le plus ou de son mépris pour le monde, ou de la grandeur de son sacrifice, ou de la constance de son amour.

Pour s'encourager dans cette résolution, elle avait pris sur elle le billet qu'Abeilard lui avait écrit, pour l'assurer qu'il serait toujours à elle et qu'il ne cesserait jamais de l'aimer. Aussi s'accusait-elle bientôt de n'avoir donné à Dieu que la moitié de son cœur.

Elle ensevelit à jamais sous l'habit monastique tant d'attraits et de perfections, renfermant dans son cœur cet amour qui l'avait faite si heureuse et si désolée, et dont la constance devait plus tard la rendre si célèbre. Elle comprima sous l'amour de Dieu et par une pratique sévère, ses trop ardents désirs, et si, dans les lettres admirables qu'elle écrivit, l'on voit d'abord percer les tendres sentiments, dernières lueurs d'une si vive passion, on voit aussi ses pensées s'épurer peu à peu, se dégager de leur essence mondaine, s'agrandir et s'exhaler en de salutaires et chastes enseignements.

V

Nous ne terminerons pas cette phase de l'histoire d'Héloïse sans donner à nos lecteurs un exemple du style de la célèbre religieuse.

Nous allons transcrire une lettre très-peu connue qu'elle écrivait à Abeilard, lorsque celui-ci, désespéré des persécutions dont il était l'objet, lui annonçait qu'il n'avait plus que peu de temps à vivre.

« O mon bien cher époux, comment une telle
» pensée a-t-elle pu surgir dans ton âme ? Com-
» ment ta bouche a-t-elle osé l'exprimer ? Tu me
» devais de consolantes paroles, et tu ne m'as
» fourni que de nouveaux motifs d'affliction ; tu as
» fait couler plus abondamment les larmes dont tu
» devais tarir la source. Dieu ne saurait assez ou-
» blier sa pauvre servante (*ancillulam*), pour lui
» réserver le triste sort de te survivre ; qu'il n'a-
» joute jamais à ma vie des jours devenus plus in-
» supportables que la mort ! C'est à toi qu'il appar-
» tient de présider à mes funérailles.

» Épargne-moi donc, je t'en prie, cher époux,
» un langage qui n'est pour moi qu'un surcroît de
» chagrin. N'empoisonne pas ainsi le peu d'ins-
» tants qui nous reste à vivre. A chaque jour suffit
» sa peine ; celui qui terminera notre carrière ne
» sera-t-il pas assez rempli d'amertume et de dou-
» leur pour ceux qui nous survivront.

» Si la seule annonce de ta mort prochaine a
» failli causer la mienne, le coup qui doit te frap-
» per un jour ne sera-t-il pas mortel pour ta mal-
» heureuse épouse, s'il faut qu'il retentisse à ses
» oreilles ? Que Dieu m'accorde de te précéder et
» non pas de te suivre dans la tombe et qu'il te
» garde assez de jours pour que tu puisses me
» rendre le triste devoir que j'attends de ton amour.
» Quel espoir me restera-t-il quand je t'aurai
» perdu ? Mon Dieu ! mon Dieu ! que je suis mal-
» heureuse ! que je suis malheureuse ! »

Cette lettre ne porte-t-elle pas l'empreinte de la
douleur et du désespoir, on sent à ce moment
qu'Héloïse n'a pas encore vaincu la misère maté-
rielle, mais déjà se pressentent ses aspirations vers

ce spiritualisme éclectique, si je puis m'exprimer ainsi, dont elle a donné de si merveilleux modèles.

Abeilard, quelques jours après la prise de voile d'Héloïse, avait aussi prononcé, dans l'Abbaye de Saint-Denis des vœux éternels. Les deux époux étaient maintenant morts au monde.

Nous n'avons pas à suivre le philosophe et le chrétien dans le cours d'une vie de persécutions et de misères. La tâche que nous nous étions imposée était de rapporter fidèlement quelques traits de l'histoire d'Héloïse, histoire si touchante et si saintement terminée, et nous avons pensé que son entrée en religion au monastère d'Argenteuil en était la phase la plus importante. En effet, ce devait être pour elle un immense désespoir. Habituée au monde, et à ses chatoyantes libertés, elle brisait tout à coup avec lui et venait s'enterrer vivante, l'âme torturée par une incommensurable douleur. Elle voyait les fêtes de sa jeunesse s'abîmer dans la mort du cloître, et comme elle le disait elle-même ; elle n'avait pas la vocation nécessaire , elle était tout amour, et c'est par cet amour qu'elle se voyait condamnée.

«Je ne crois pas, disait-elle, que le Seigneur me tienne jamais compte de ma résolution, je ne mérite pas les récompenses qu'il a promises à ceux qui quittent tout pour lui ! »

Obéissante aux désirs de son époux, elle lui sacrifiait sa jeunesse, sa beauté, son esprit, son avenir, et plus le sacrifice paraissait grand, plus elle savait qu'il lui serait agréable.

Quelques auteurs ont cru que celui que fit Abeilard quelques jours après en prononçant ses vœux au cloître de Saint-Denis, fut plus pur et plus dégagé des passions humaines : ils n'ont pas pensé qu'il quittait moins qu'elle, que le monde l'eût désormais accablé de ses railleries, et que sa retraite était devenue nécessaire.

Lorsque Héloïse eût prononcé ses vœux, elle se fit un principe d'honneur d'observer toutes les lois de son nouvel état avec exactitude et de devenir pour ses sœurs un modèle de régularité.

D'abord simple religieuse au monastère, elle en

fut nommée prieure à 28 ans, et dans cet emploi dont elle s'acquitta avec beaucoup d'édification, elle put mettre à jour les brillantes connaissances et les talents divers qu'elle avait acquis.

Cette existence douce et calme aurait pu, sinon faire oublier à Héloïse ses chagrins, au moins les amoindrir ; mais le temps était venu où un jeune religieux nommé Suger, âpre à l'étude et ambitieux, voulut faire recouvrer à l'abbaye de Saint-Denis, dont il était devenu supérieur, la propriété des religieuses ; il se fondait sur la donation faite par Hermenric et Mumma, son épouse, de l'abbaye d'Argenteuil, en faveur du glorieux martyr, Monsieur de Saint-Denis, ainsi que l'on disait alors, conjointement de l'église, du monastère et de toutes les dépendances.

Les religieuses soutenaient qu'il y avait prescription, puisque Charlemagne avait donné l'abbaye d'Argenteuil à sa fille Théodrate, comme un bien depuis longtemps abandonné, et que cette donation avait été confirmée par Louis-le-Débonnaire.

Hilduin avait, il est vrai, fait révoquer ce don, et

l'abbaye d'Argenteuil devait retourner sous la dépendance de Saint-Denis à la mort de Théodrate.

Les guerres civiles et les Normands mirent fin au procès; ces derniers, surtout, en pillant Saint-Denis, et en ravageant Argenteuil. Les choses en restèrent là jusqu'au rétablissement de l'abbaye par Adélaïs, femme d'Hugues Capet, qui y fit de grandes largesses et y établit plus de cent religieuses de l'ordre de Saint-Benoît.

La révocation obtenue de Louis-le-Débonnaire par Hilduin, semblait donc non avenue, et nul doute que les Bénédictines n'eussent gagné leur procès, si Suger, en homme adroit et parfaitement en cour, n'eût fait valoir, pour arriver à son but, leur irrégularité.

Il s'était promis d'avoir Argenteuil à tout prix, et il envoya à cet effet deux de ses religieux près du pape Honoré II; il les munit de toutes les pièces relatives à son droit sur l'abbaye, et leur recommanda d'insister beaucoup sur la vie scandaleuse qu'on y menait, promettant, lui, que si elle lui était rendue, il saurait y rétablir le bon ordre.

Le pape renvoya l'affaire devant son mandataire, et chargea quatre prélats du royaume pour l'examiner.

Ce furent l'archevêque de Reims, l'évêque de Paris, celui de Chartres et celui de Soissons. Suger, disent les historiens du temps, était sûr de l'appui de ces prélats, et d'après leurs informations, du consentement du roi, le pape réunit l'abbaye d'Argenteuil à celle de Saint-Denis, à la condition que l'abbé pourvoirait à la subsistance des religieuses.

On était alors en 1127, et la bulle ne devait être exécutée que l'année suivante. Les religieuses s'y opposèrent. Aidées des lumières et du crédit d'Héloïse, elles résistèrent longtemps, et ne cédèrent qu'à la violence.

Cette action occasionna un violent scandale, et le blâme en retomba sur Suger, d'autant plus que la promesse faite aux religieuses de pourvoir à leurs besoins ne fut pas tenue.

Il refusa à Héloïse et à ses compagnes les secours dont elles avaient besoin; elles n'avaient pas même d'asile.

C'est alors qu'Abeilard leur proposa l'établisse-
ment du Paraclet qu'il avait fo ndé quelques années
avant, et qu'il avait quitté pour l'abbaye de Saint-
Gildas.

Héloïse s'estima heureuse de demeurer dans une
maison qui appartenait à son cher Abeilard; elle
espérait le voir, bonheur qu'elle n'avait pas eu depuis si longtemps. Cette espérance lui tenait lieu de
tout, car elle l'aimait toujours ardemment.

En effet, Abeilard partit de Saint-Gildas en 1129
et arriva au Paraclet au moment où Héloïse y paraissait de son côté avec les quelques religieuses
qui l'avaient suivie. Douze années s'étaient écou-
lées depuis leur séparation. L'entrevue fut singuliè-
rement touchante ; les lettres d'Héloïse la rappellent
en phrases passionnées.

La donation faite par Abeilard à Héloïse, à ses
compagnes et à celles qui viendraient après elle, fut
régularisée, et la communauté élut d'un commun
accord Héloïse pour supérieure.

Abeilard partit promettant de revenir quelquefois, ce qu'il fit en effet ; mais ces visites, outra-

geusement calomniées, prirent fin, et jusqu'à sa mort qui eut lieu en 1142, elle ne le revit pas. Par les soins de Pierre-le-Vénérable, leur ami commun, elle reçut les froides cendres de son époux, et les garda au Paraclet.

Quand à son tour vint sa dernière heure, elle témoigna le désir d'être mise avec lui dans une même tombe, pour réunir après la mort les deux cœurs qui s'étaient si ardemment aimés pendant la vie.

Ce vœu fut religieusement observé, même pendant les diverses translations que le monument eut à subir, et, depuis le mois de mars 1817, le tombeau d'Héloïse et d'Abeilard se trouve au Père-Lachaise, et, comme nous le disions en commençant, de jeunes et pieuses mains y viennent encore aujourd'hui déposer la couronne d'immortelles.

FIN.

Argenteuil, imprimerie P. Worms.

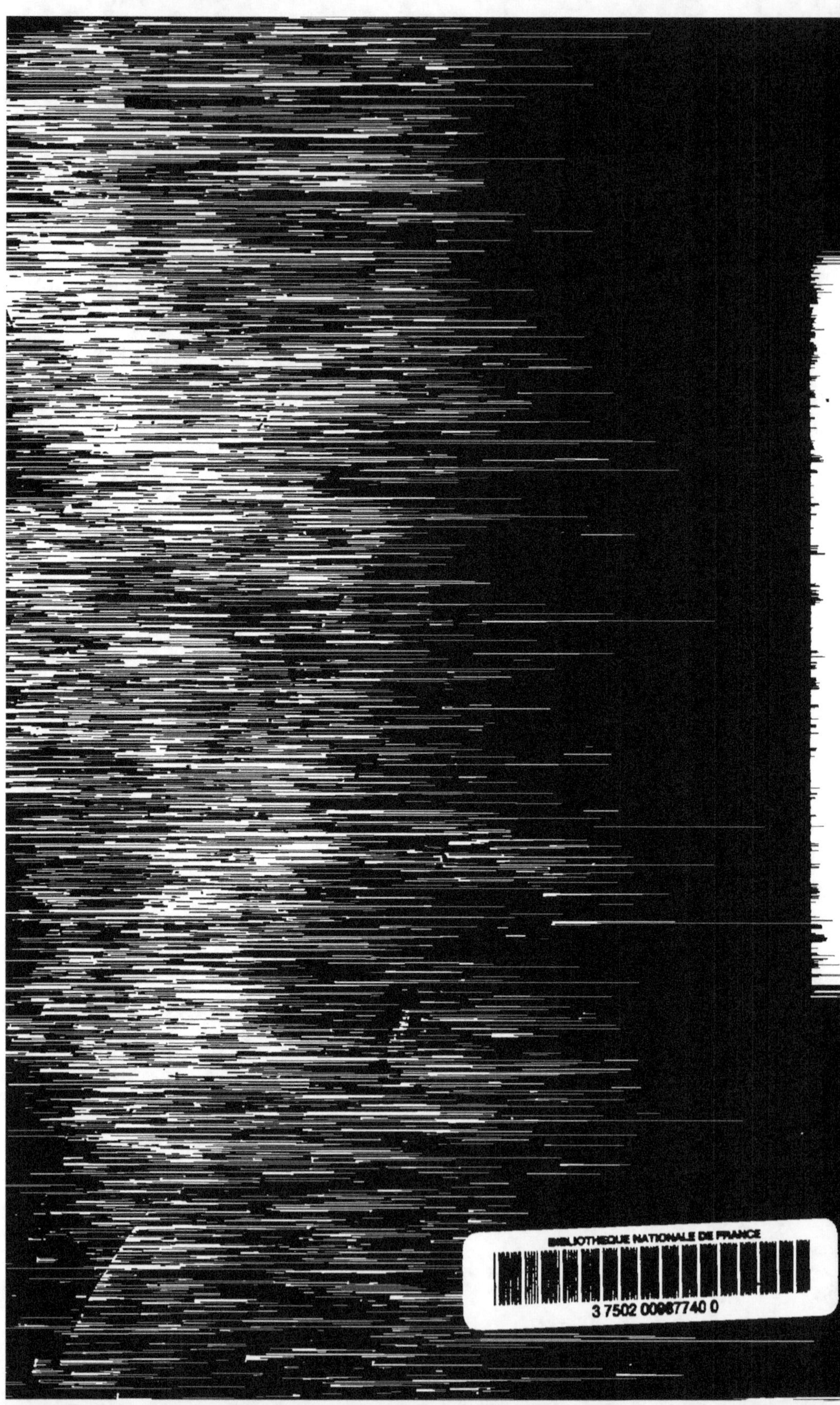

www.ingramcontent.com/pod-product-compliance
Lightning Source LLC
Chambersburg PA
CBHW061650060726
47597CB00005B/2104